JENNY Y EL FIASCO DE LA MOSCA DE LA FRUTA

Resolución de problemas

Marcy Schaaf

Español

JENNY AND THE FRUIT FLY FIASCO

Problem Solving
Marcy Schaaf

Spanish

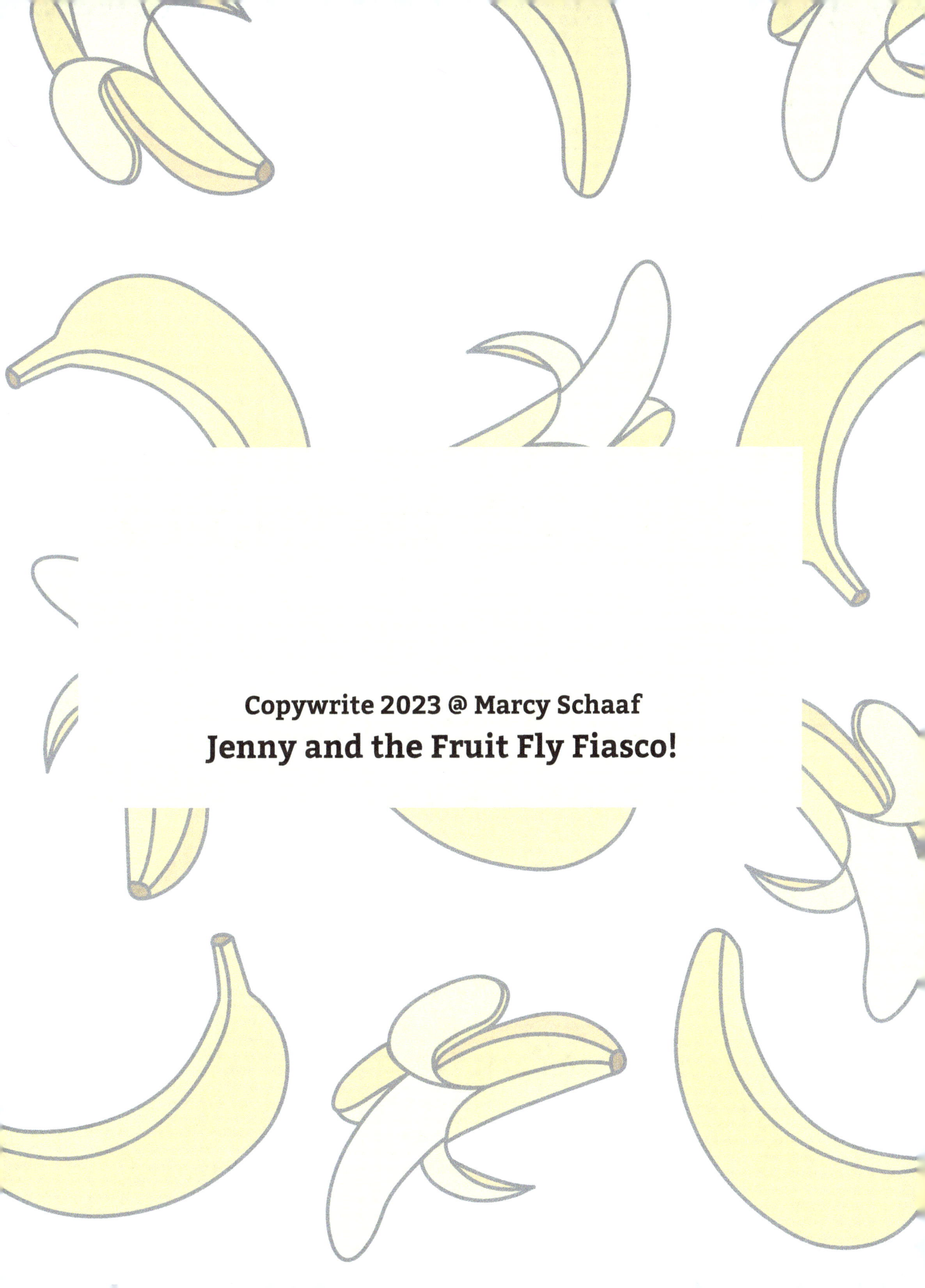

Copywrite 2023 @ Marcy Schaaf

Jenny and the Fruit Fly Fiasco!

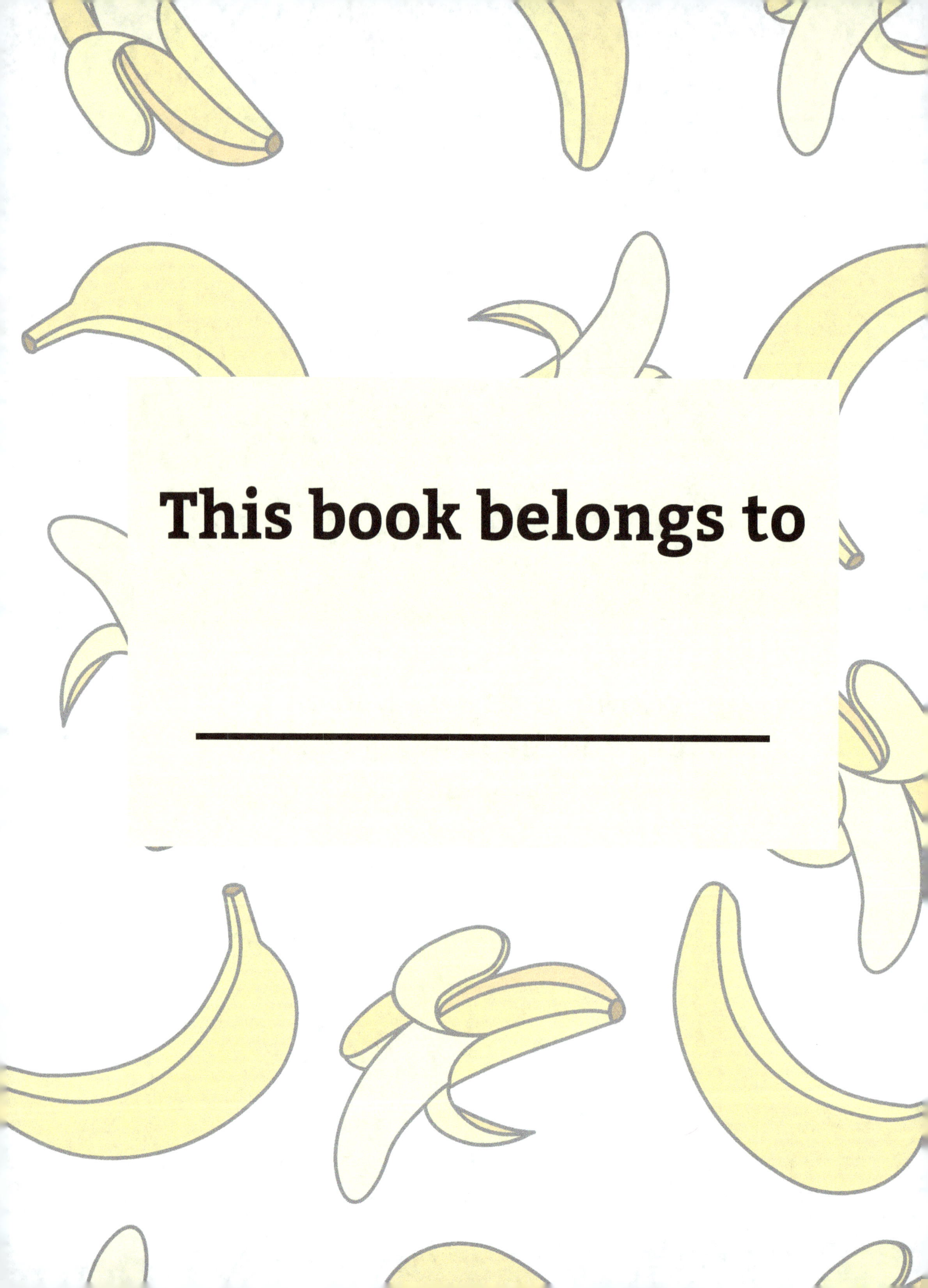
This book belongs to

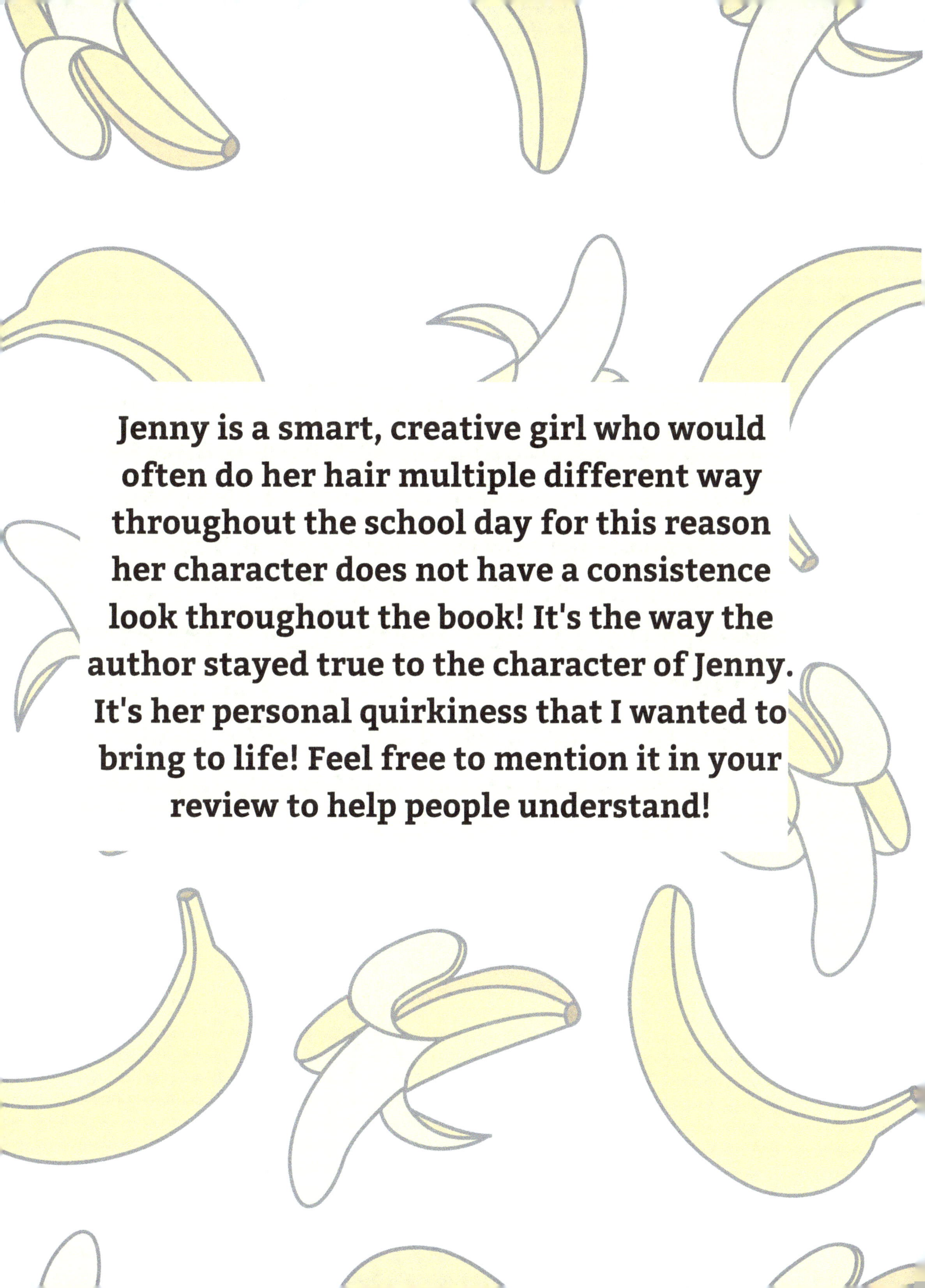

Jenny is a smart, creative girl who would often do her hair multiple different way throughout the school day for this reason her character does not have a consistence look throughout the book! It's the way the author stayed true to the character of Jenny. It's her personal quirkiness that I wanted to bring to life! Feel free to mention it in your review to help people understand!

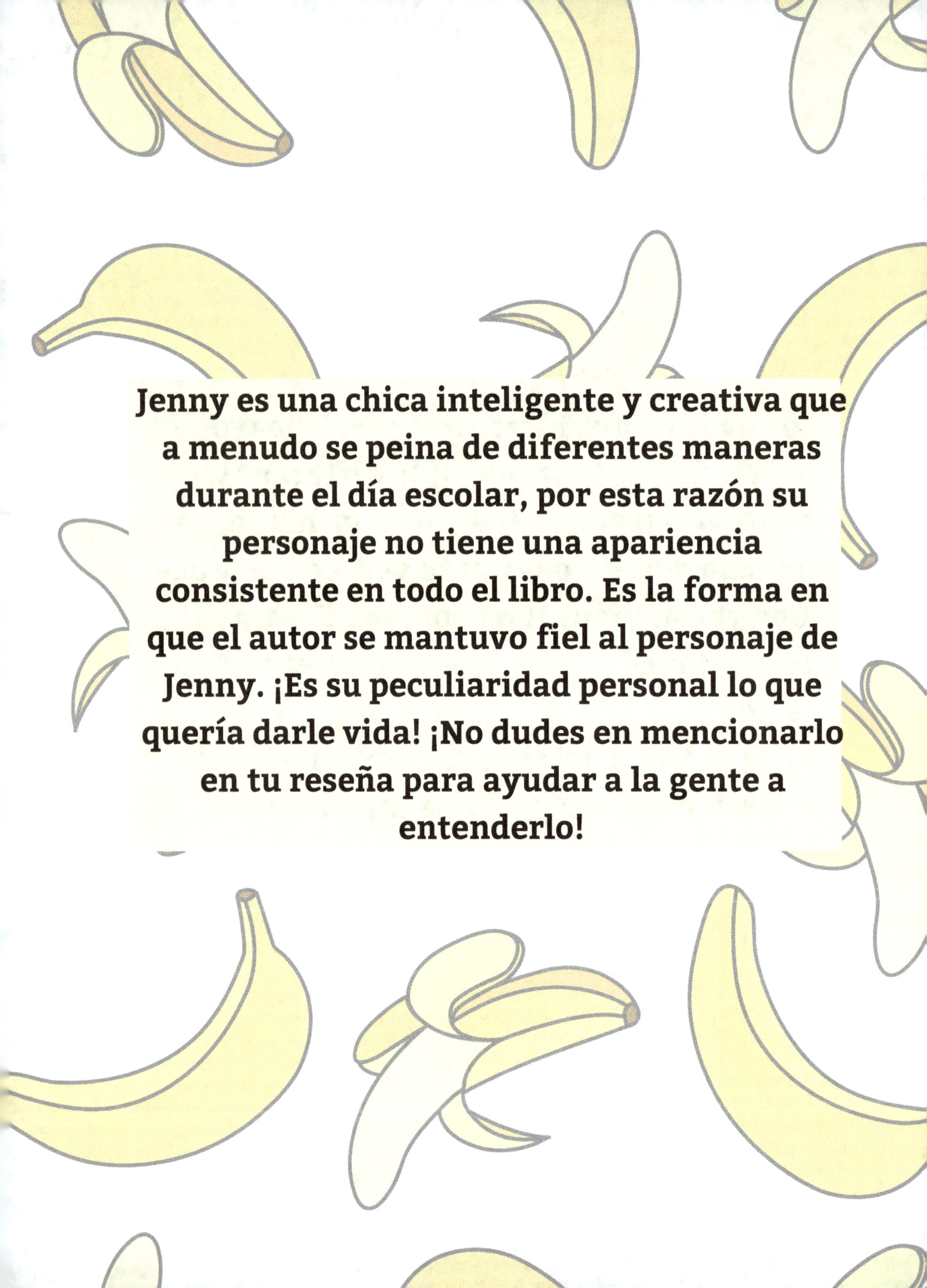

Jenny es una chica inteligente y creativa que a menudo se peina de diferentes maneras durante el día escolar, por esta razón su personaje no tiene una apariencia consistente en todo el libro. Es la forma en que el autor se mantuvo fiel al personaje de Jenny. ¡Es su peculiaridad personal lo que quería darle vida! ¡No dudes en mencionarlo en tu reseña para ayudar a la gente a entenderlo!

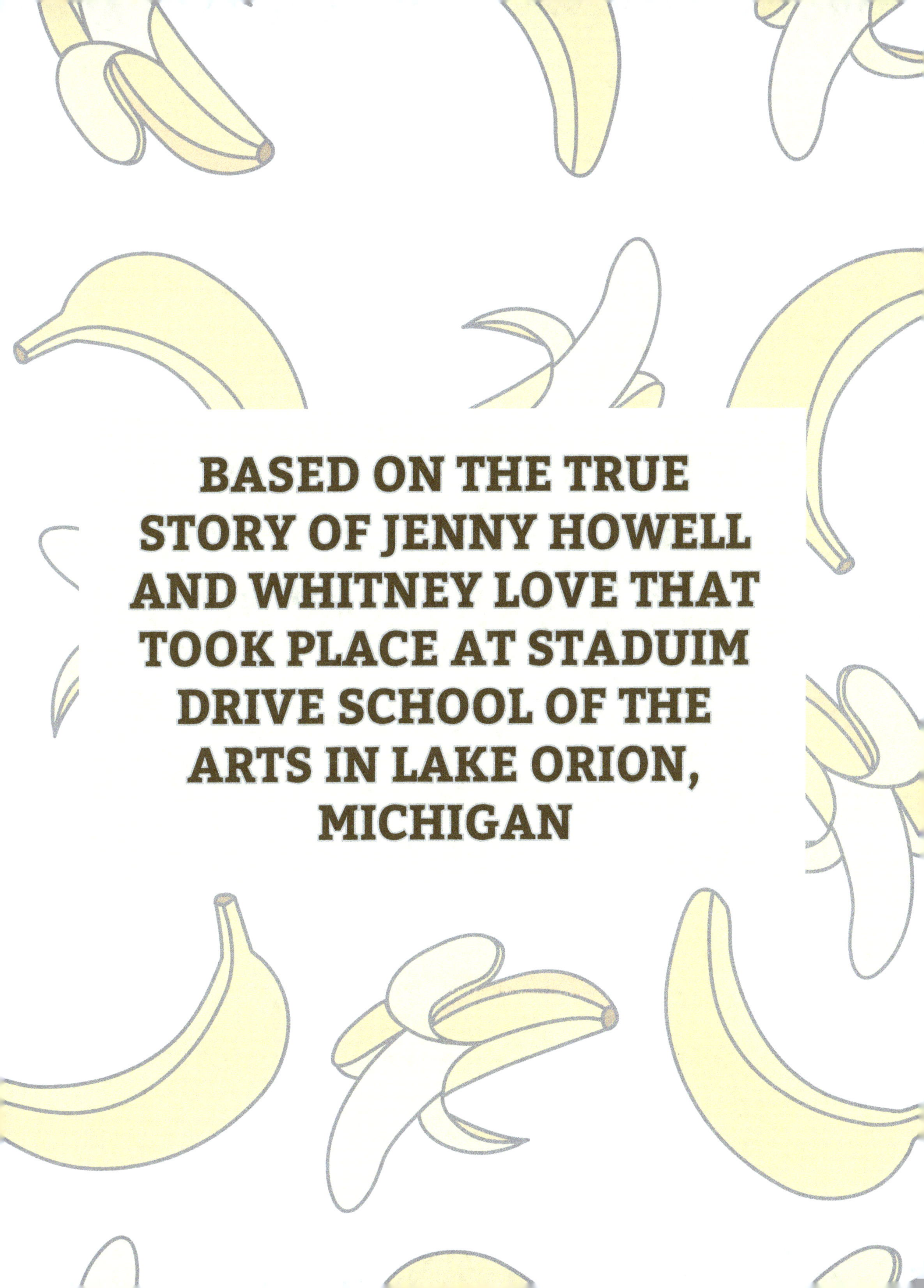

BASED ON THE TRUE STORY OF JENNY HOWELL AND WHITNEY LOVE THAT TOOK PLACE AT STADUIM DRIVE SCHOOL OF THE ARTS IN LAKE ORION, MICHIGAN

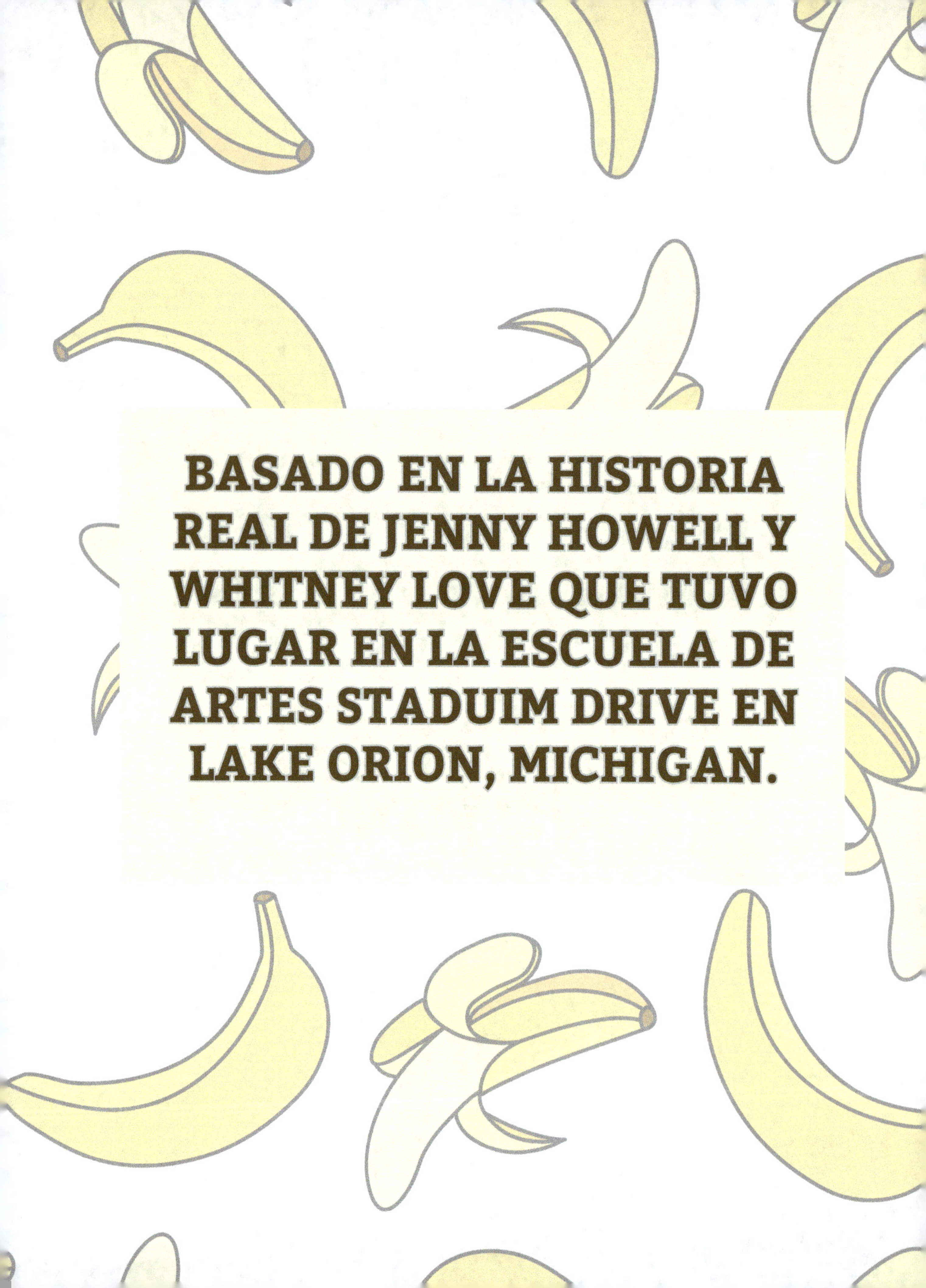

BASADO EN LA HISTORIA REAL DE JENNY HOWELL Y WHITNEY LOVE QUE TUVO LUGAR EN LA ESCUELA DE ARTES STADUIM DRIVE EN LAKE ORION, MICHIGAN.

DEDICATED TO JENNY HOWELL AND WHITNEY LOVE WHO ARE STILL BEST FRIENDS TODAY.

DEDICADO A JENNY HOWELL Y WHITNEY LOVE, QUIENES SIGUEN SIENDO MEJORES AMIGAS HOY EN DÍA.

ONCE UPON A TIME IN A SCHOOL NAMED STADIUM, WAS A GIRL NAMED JENNY, HER DAY WAS RANDOM.

HABÍA UNA VEZ EN UNA ESCUELA LLAMADA STADIUM, UNA NIÑA LLAMADA JENNY, SU DÍA ERA ALEATORIO.

**JENNY WAS BUSY,
SHE HAD SO MUCH TO DO,
BUT A BANANA SHE FORGOT IN HER
LOCKER, OOPS, THAT'S TRUE!**

JENNY ESTABA OCUPADA, TENÍA MUCHO QUE HACER, PERO SE OLVIDÓ UN PLÁTANO EN SU CASILLERO, ¡UPS, ES VERDAD!

THE WEEKEND WENT BY,
DAYS TURNED INTO NIGHT,
AND A FRUITY SURPRISE WAITED,
OUT OF SIGHT.

EL FIN DE SEMANA PASÓ, LOS DÍAS SE CONVIRTIERON EN NOCHE, Y UNA SORPRESA FRUTAL ESPERABA, FUERA DE LA VISTA.

MONDAY MORNING CAME,
JENNY OPENED HER DOOR,
FRUIT FLIES SWARMED OUT;
SHE COULDN'T TAKE IT ANYMORE!

LLEGÓ EL LUNES POR LA MAÑANA, JENNY ABRIÓ LA PUERTA Y SALIERON UN ENJAMBRE DE MOSCAS DE LA FRUTA; ¡ELLA NO PUDO SOPORTARLO MÁS!

BUZZING AROUND HER BOOKS,
BUZZING IN THE AIR,
JENNY WAS EMBARRASSED,
IT JUST WASN'T FAIR.

MIENTRAS ZUMBABA ENTRE SUS LIBROS, ZUMBABA EN EL AIRE, JENNY SE SENTÍA AVERGONZADA, SIMPLEMENTE NO ERA JUSTO.

SHE RUSHED TO EACH CLASS, NO TIME TO WASTE,
AVOIDING CURIOUS EYES, SHE MOVED IN GREAT HASTE.

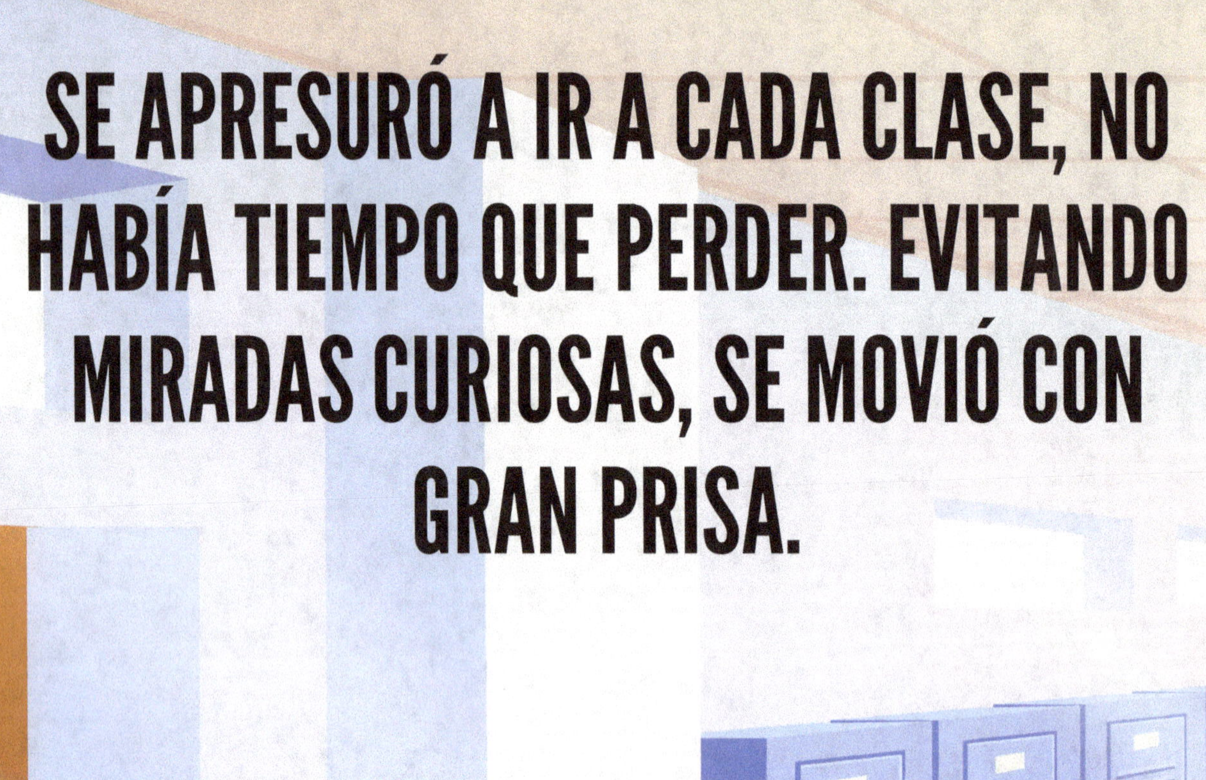

SE APRESURÓ A IR A CADA CLASE, NO HABÍA TIEMPO QUE PERDER. EVITANDO MIRADAS CURIOSAS, SE MOVIÓ CON GRAN PRISA.

"MAY I HAVE A HALL PASS?"
JENNY ASKED WITH A GRIN,
SHE NEEDED TO GET HER BOOKS
WITHOUT CHAOS WITHIN.

"¿PUEDO DARME UN PASE PARA EL PASILLO?" JENNY PREGUNTÓ CON UNA SONRISA. NECESITABA CONSEGUIR SUS LIBROS SIN CAOS EN SU INTERIOR.

FROM HER LOCKER TO CLASS,
HER SECRET SHE'D KEEP,
BUT THE FLIES FOLLOWED HER;
THEY NEVER DID SLEEP.

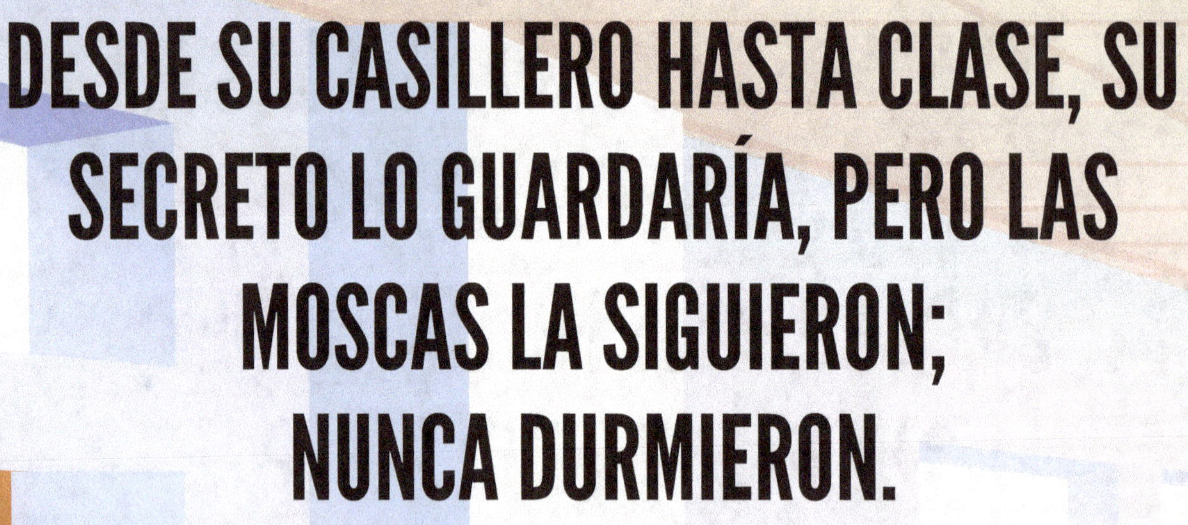

DESDE SU CASILLERO HASTA CLASE, SU SECRETO LO GUARDARÍA, PERO LAS MOSCAS LA SIGUIERON; NUNCA DURMIERON.

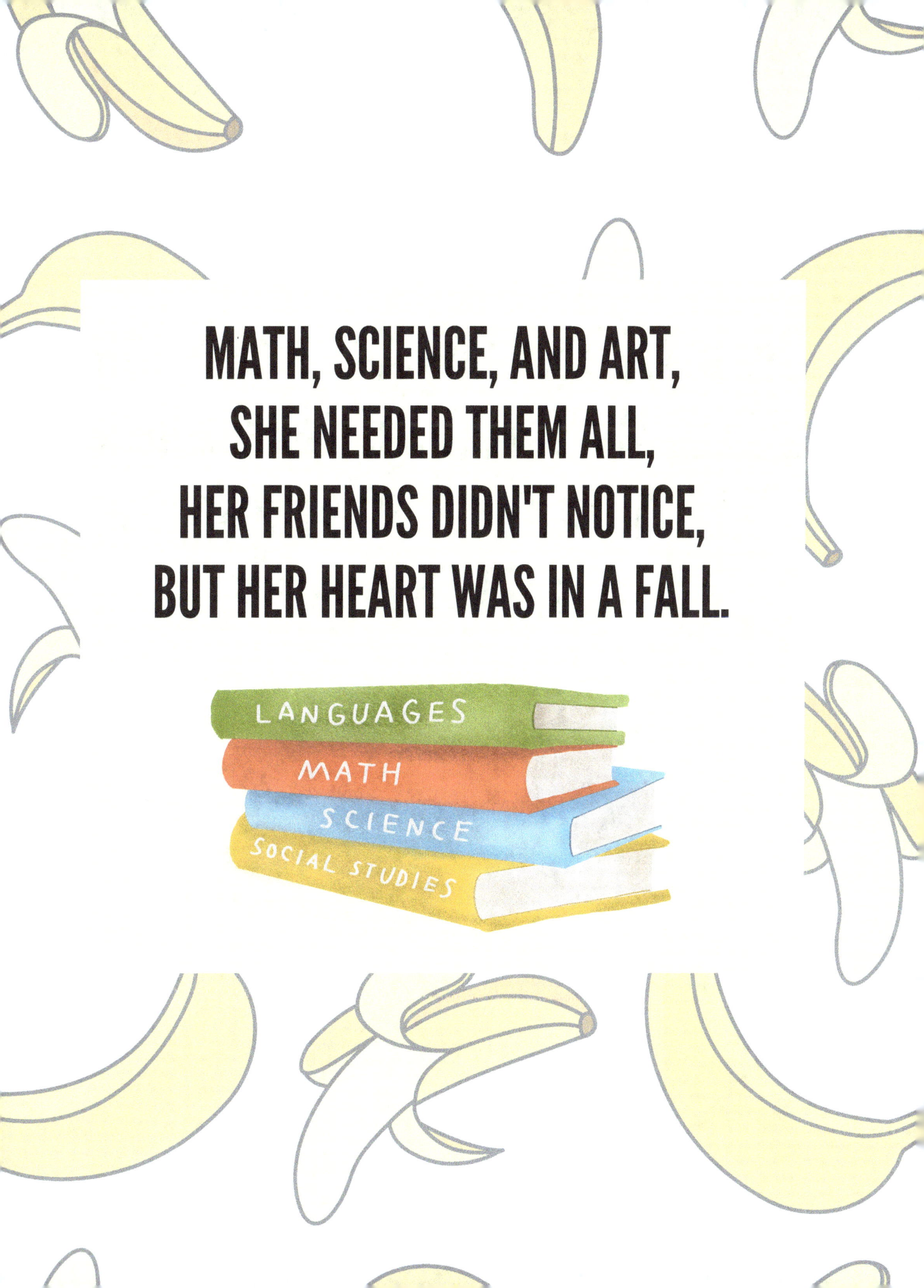

MATH, SCIENCE, AND ART,
SHE NEEDED THEM ALL,
HER FRIENDS DIDN'T NOTICE,
BUT HER HEART WAS IN A FALL.
LANGUAGES
MATH
SCIENCE
SOCIAL STUDIES

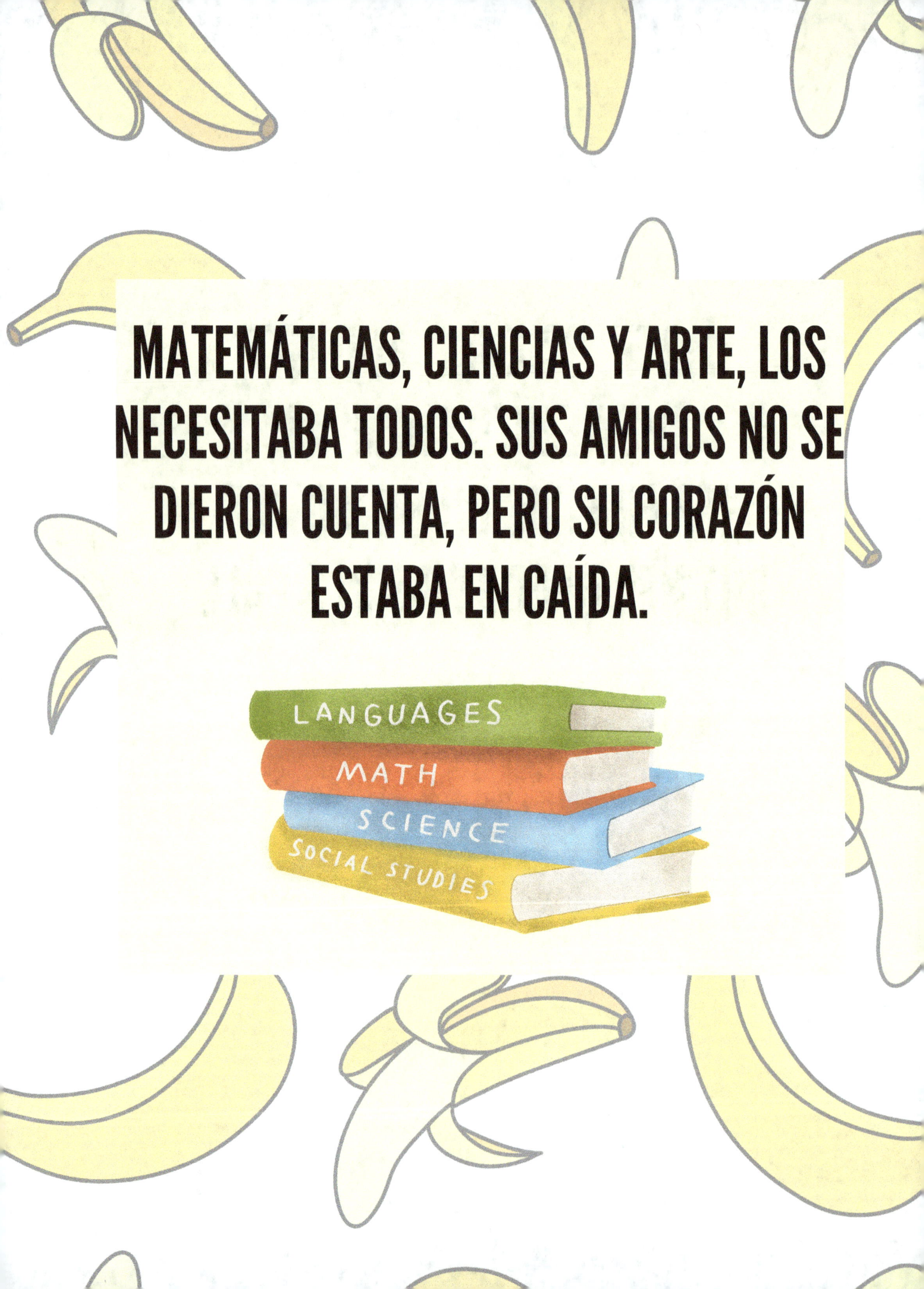

MATEMÁTICAS, CIENCIAS Y ARTE, LOS NECESITABA TODOS. SUS AMIGOS NO SE DIERON CUENTA, PERO SU CORAZÓN ESTABA EN CAÍDA.
LANGUAGES
MATH
SCIENCE
SOCIAL STUDIES

JENNY'S BEST FRIEND WHITNEY,
SO SMART AND SO KIND,
SENSED SOMETHING WAS WRONG,
SHE HAD A GREAT MIND.

WHITNEY, LA MEJOR AMIGA DE JENNY, TAN INTELIGENTE Y TAN AMABLE, SINTIÓ QUE ALGO ANDABA MAL, TENÍA UNA GRAN MENTE.

AT LUNCHTIME, JENNY WHISPERED HER
WOE TO HER FRIEND,
WHITNEY SAID, "WE CAN FIX THIS,
THERE'S NO NEED TO PRETEND!"

A LA HORA DEL ALMUERZO, JENNY LE SUSURRÓ SU AFLICCIÓN A SU AMIGA, WHITNEY DIJO: "¡PODEMOS ARREGLAR ESTO, NO HAY NECESIDAD DE FINGIR!".

THEY GOT A BIG JAR AND
A NET OH SO THIN,
WHITNEY SWIPED THOSE FRUIT FLIES
WITH A DETERMINED GRIN.

CONSIGUIERON UN FRASCO GRANDE Y UNA RED TAN DELGADA QUE WHITNEY ELIMINÓ ESAS MOSCAS DE LA FRUTA CON UNA SONRISA DECIDIDA.

JENNY AND WHITNEY,
A TRUE TEAM INDEED,
CAUGHT ALL THE FRUIT FLIES;
THEY DIDN'T LET THEM PROCEED.

JENNY Y WHITNEY, UN VERDADERO EQUIPO, ATRAPARON TODAS LAS MOSCAS DE LA FRUTA;
NO LES DEJARON CONTINUAR.

THE LOCKER WAS EMPTY,
THE FLIES WERE NO MORE,
JENNY COULD ACCESS HER BOOKS
LIKE NEVER BEFORE.

EL CASILLERO ESTABA VACÍO, YA NO HABÍA MOSCAS, JENNY PODÍA ACCEDER A SUS LIBROS COMO NUNCA ANTES.

JENNY WAS GRATEFUL,
WITH A SMILE ON HER FACE,
FOR HER WONDERFUL FRIEND,
IN ANY TIME OR PLACE.

JENNY ESTABA AGRADECIDA, CON UNA SONRISA EN EL ROSTRO, POR SU MARAVILLOSA AMIGA, EN CUALQUIER MOMENTO Y LUGAR.

WITH THE SECRET OUT AND
THE LOCKER ALL CLEAR,
JENNY AND WHITNEY'S FRIENDSHIP
GREW STRONG, NO FEAR.

CON EL SECRETO REVELADO Y EL CASILLERO TODO DESPEJADO, LA AMISTAD DE JENNY Y WHITNEY SE FORTALECIÓ, SIN MIEDO.

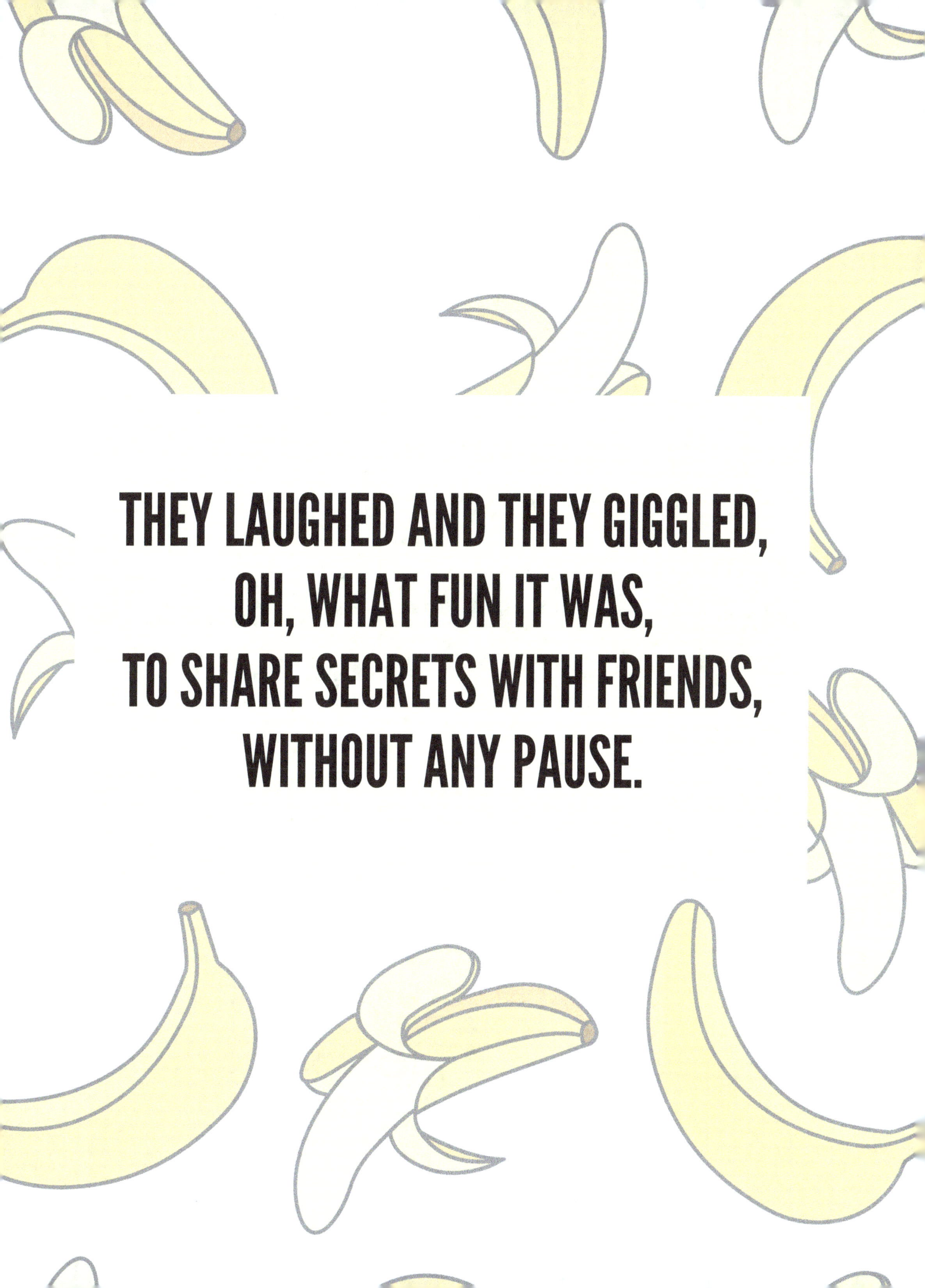
THEY LAUGHED AND THEY GIGGLED,
OH, WHAT FUN IT WAS,
TO SHARE SECRETS WITH FRIENDS,
WITHOUT ANY PAUSE.

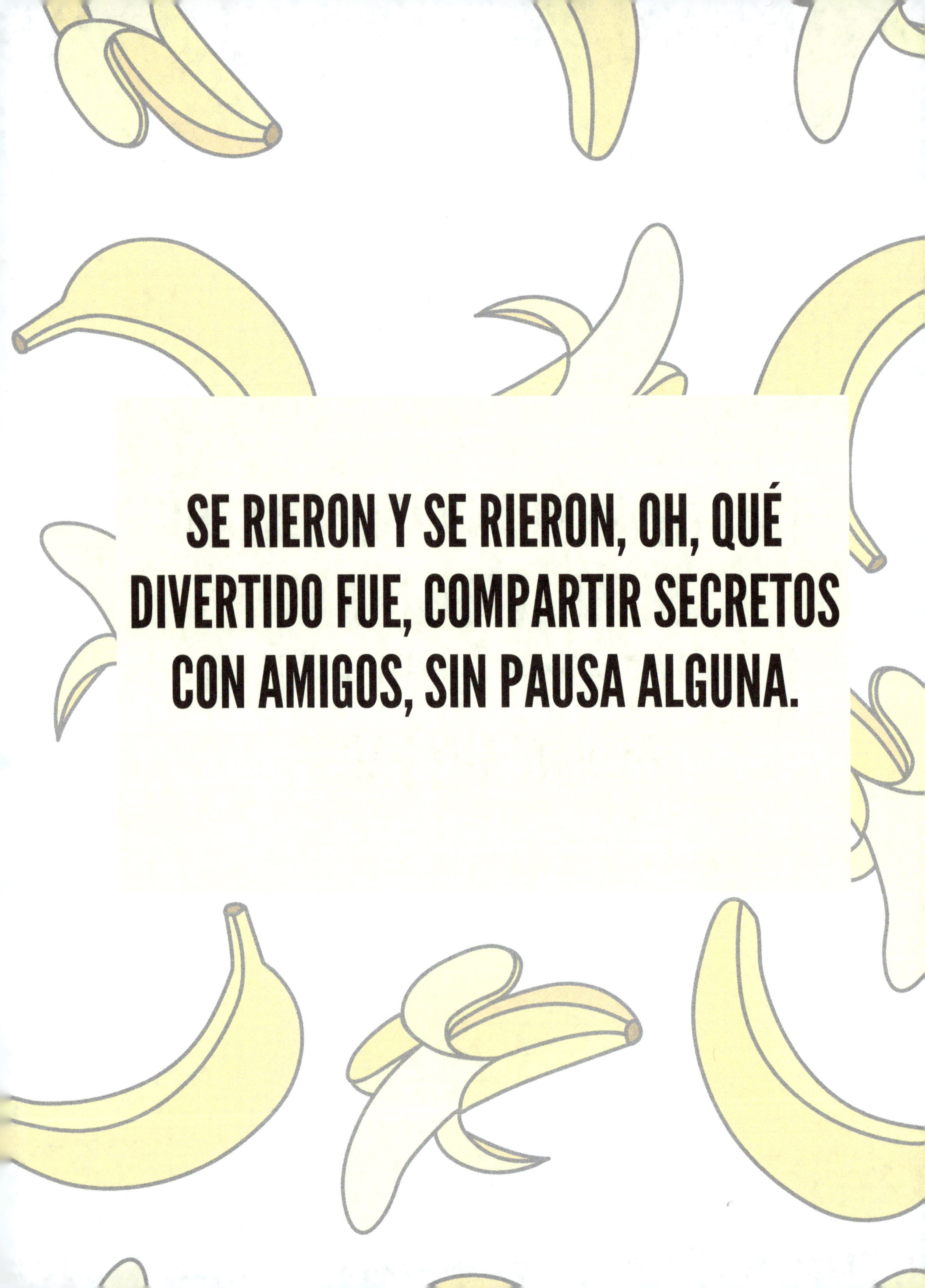

SE RIERON Y SE RIERON, OH, QUÉ DIVERTIDO FUE, COMPARTIR SECRETOS CON AMIGOS, SIN PAUSA ALGUNA.

JENNY LEARNED A LESSON,
IT'S ESSENTIAL TO SEE,
TRUE FRIENDS HELP YOU OUT,
AND THEY'LL DO IT WITH GLEE.

JENNY APRENDIÓ UNA LECCIÓN, ES ESENCIAL VERLA. LOS VERDADEROS AMIGOS TE AYUDAN Y LO HARÁN CON ALEGRÍA.

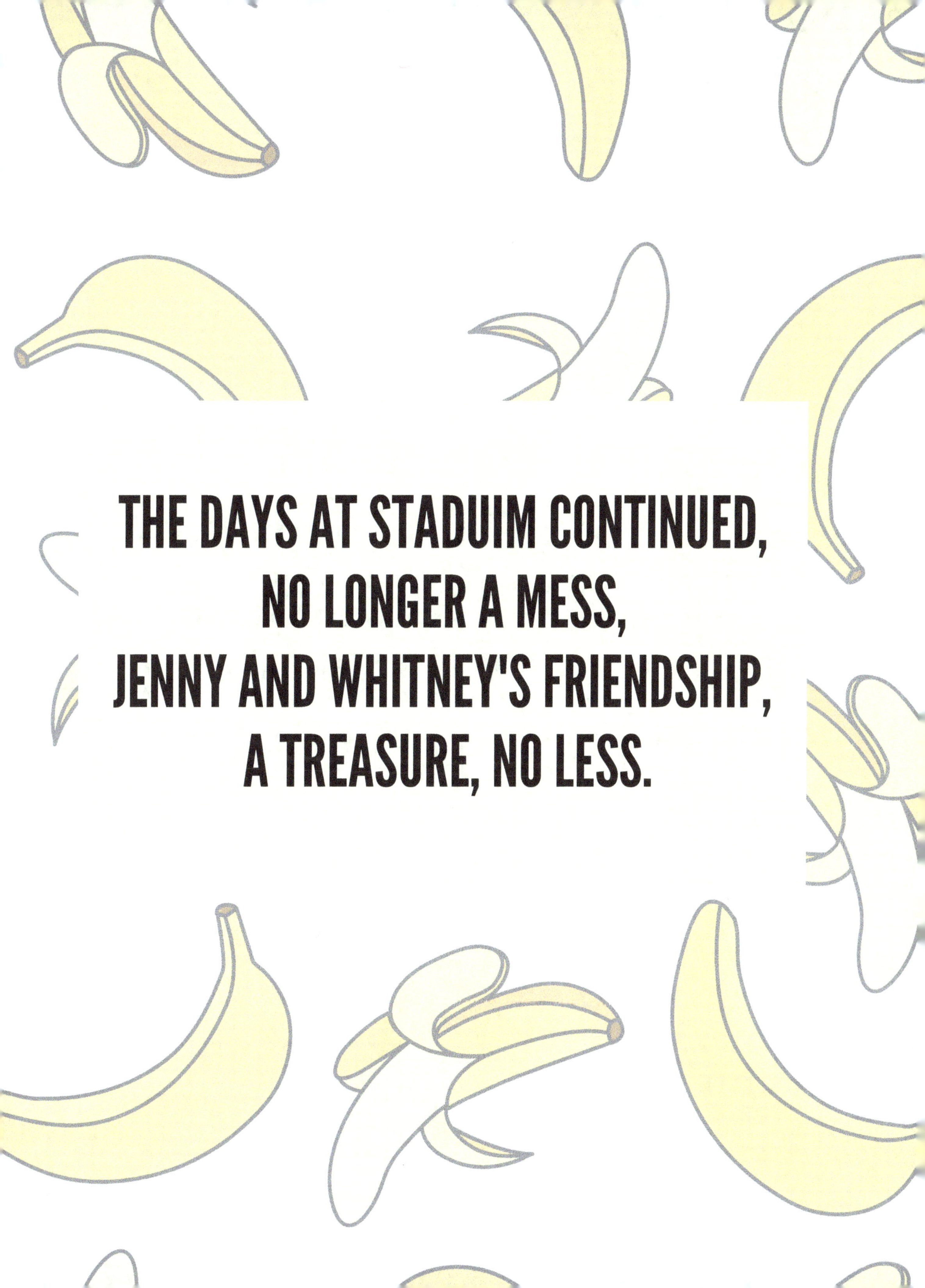

THE DAYS AT STADUIM CONTINUED,
NO LONGER A MESS,
JENNY AND WHITNEY'S FRIENDSHIP,
A TREASURE, NO LESS.

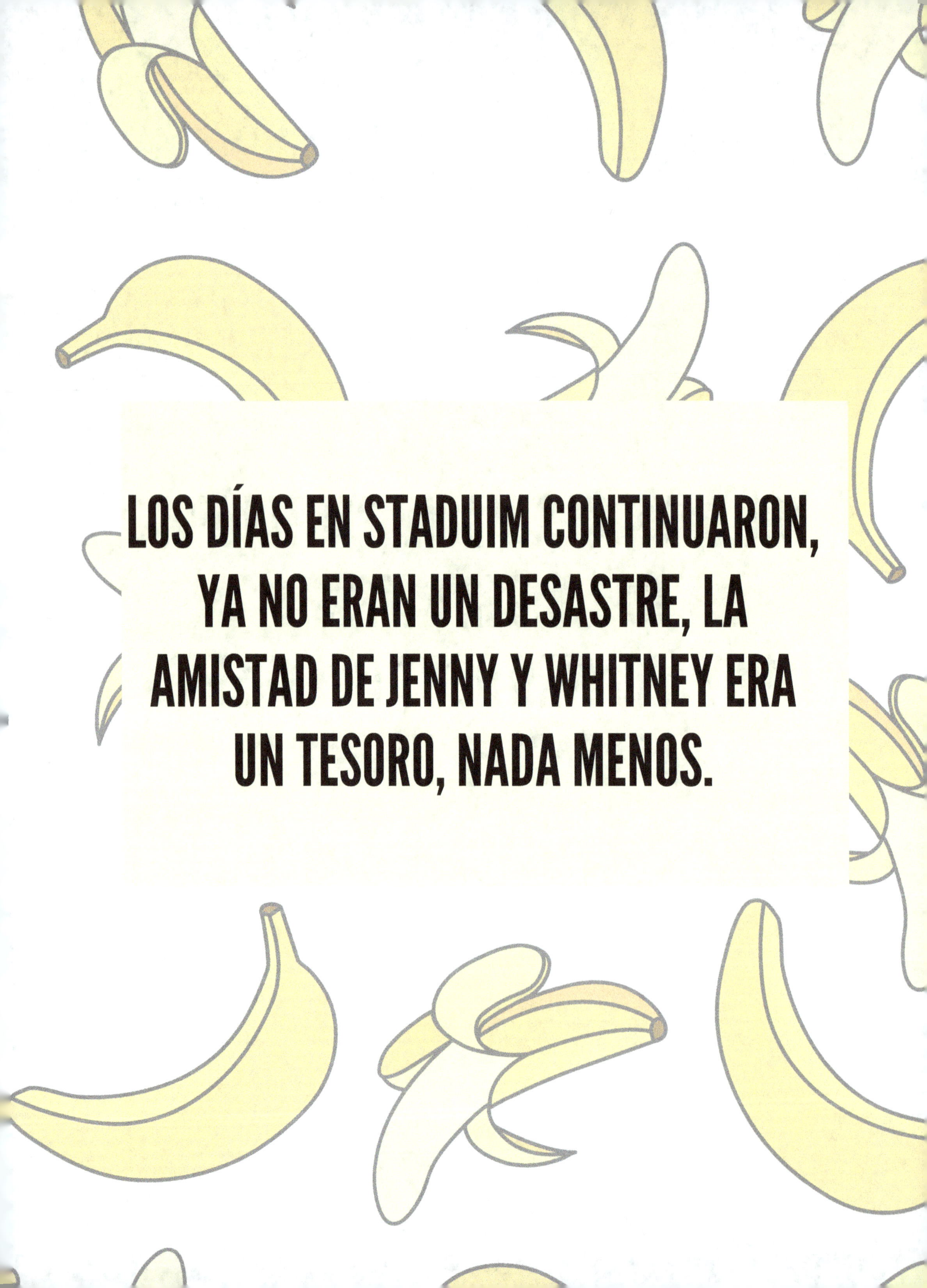

LOS DÍAS EN STADUIM CONTINUARON, YA NO ERAN UN DESASTRE, LA AMISTAD DE JENNY Y WHITNEY ERA UN TESORO, NADA MENOS.

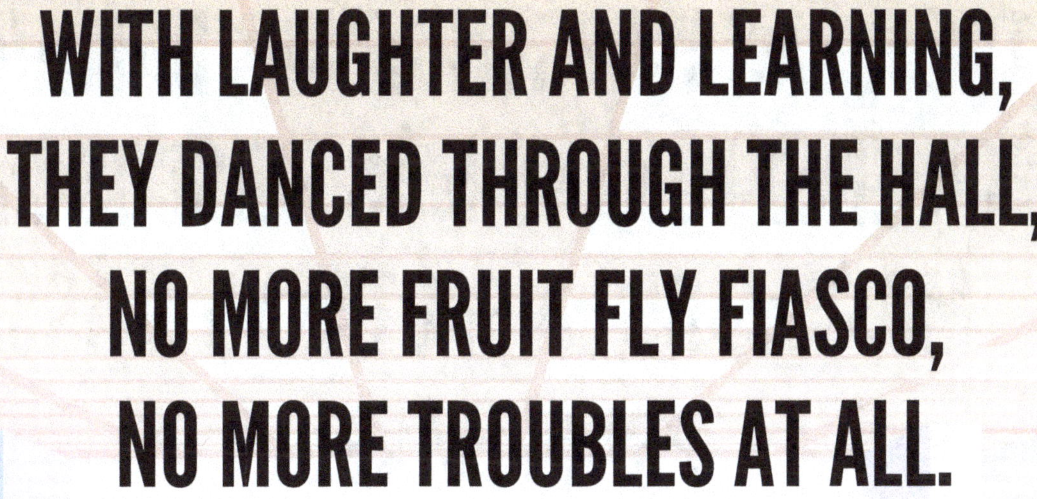

WITH LAUGHTER AND LEARNING,
THEY DANCED THROUGH THE HALL,
NO MORE FRUIT FLY FIASCO,
NO MORE TROUBLES AT ALL.

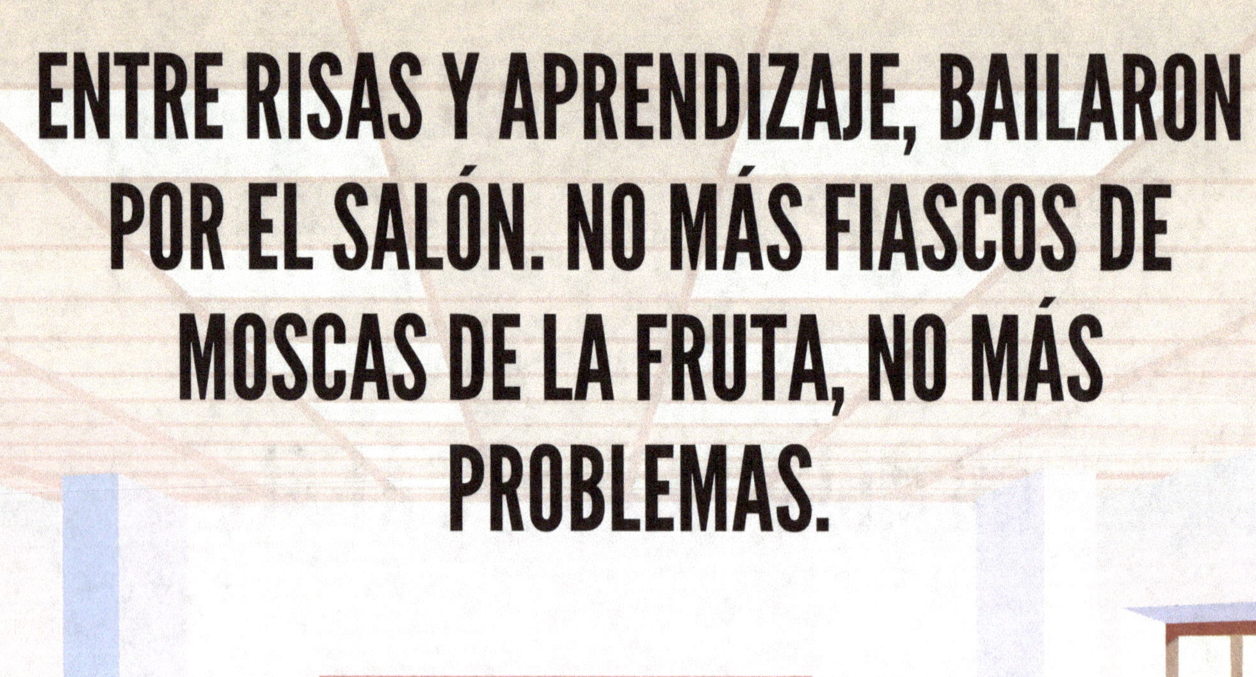
ENTRE RISAS Y APRENDIZAJE, BAILARON POR EL SALÓN. NO MÁS FIASCOS DE MOSCAS DE LA FRUTA, NO MÁS PROBLEMAS.

SO REMEMBER, DEAR CHILDREN,
THE STORY SO BRIGHT,
FRIENDS STAND BY YOUR SIDE,
IN THE DAY AND THE NIGHT.

ASÍ QUE RECUERDEN, QUERIDOS HIJOS, LA HISTORIA TAN BRILLANTE. LOS AMIGOS ESTÁN A SU LADO, DE DÍA Y DE NOCHE.

WITH FRIENDS LIKE DEAR WHITNEY, YOU'LL NEVER FEEL BLUE, JUST LIKE JENNY, WHO LEARNED THAT FRIENDSHIP IS TRUE.

CON AMIGAS COMO LA QUERIDA WHITNEY, NUNCA TE SENTIRÁS TRISTE, COMO JENNY, QUIEN APRENDIÓ QUE LA AMISTAD ES VERDADERA.

IN THE SCHOOL OF YOUR DREAMS,
WHERE ADVENTURES AWAIT,
KEEP YOUR HEART OPEN,
FOR FRIENDS ARE FIRST-RATE.

EN LA ESCUELA DE TUS SUEÑOS, DONDE TE ESPERAN AVENTURAS, MANTÉN TU CORAZÓN ABIERTO, PORQUE LOS AMIGOS SON DE PRIMERA CATEGORÍA.

AND JUST LIKE OUR JENNY,
YOU'LL FIND YOUR OWN WAY,
IN THE BRIGHT WORLD OF LEARNING,
WHERE YOU'LL GROW EVERY DAY.

Y AL IGUAL QUE NUESTRA JENNY, ENCONTRARÁS TU PROPIO CAMINO, EN EL BRILLANTE MUNDO DEL APRENDIZAJE, DONDE CRECERÁS CADA DÍA.

SO LET'S ALL BE LIKE JENNY,
KIND, BRAVE, AND SMART,
WITH FRIENDS BY OUR SIDE,
WE'LL EACH DO OUR PART.

ASÍ QUE SEAMOS TODOS COMO JENNY: AMABLES, VALIENTES E INTELIGENTES. CON AMIGOS A NUESTRO LADO, CADA UNO DE NOSOTROS HAREMOS NUESTRA PARTE.

WITH LAUGHTER AND LOVE,
AND LESSONS SO GRAND,
YOU'LL HAVE THE BEST TIMES IN THIS
WONDERFUL LAND.

CON RISAS Y AMOR, Y LECCIONES TAN GRANDIOSAS, PASARÁS LOS MEJORES MOMENTOS EN ESTA MARAVILLOSA TIERRA.

THANK YOU, BYE!

¡GRACIAS ADIOS!

WHITNEY
JENNY